나답게
꿋꿋하게
살아가는
법

부모가 수감된
청소년들의 이야기

나답게
꿋꿋하게
살아가는
법

부모가 수감된
청소년들의 이야기

애니 영 지음
아동복지실천회 세움 옮김

이너북스

우리 엄마가 가장 좋아하는 명언

"가장 고귀한 꿈은 인생의 고난과 혹독한 시련 속에서 피어나며, 당신이 걸어온 삶에 대한 보상으로 하나님의 가장 큰 선물이 주어진다."

— 윈틀리 핍스 목사

수용자 자녀가 당당하게 사는 세상

이 경 림(아동복지실천회 세움 상임이사)

나는 2019년 영국 허드슨필드에서 열린 제 2차 국제 수용자 자녀를 위한 연대모임 INCCIP (International coalition for the children of incarcerated parents)의 청소년 당사자 섹션 기조연설자로 참여한 애니영을 처음 만났습니다.

기조연설자로 참여한 애니 영은 당당한 모습으로 자신의 이야기를 했습니다.

15살 때 아버지 수감으로 인한 부정적인 감정과 경험이 글을 쓰게 되면서 극복했다는 이야기를 들려주었습니다. 그녀가 책을 쓰면서 기대한 것은 '수용자 자녀이기 때문에 사람들에게 동정받는 것이 아니라 수용자 자녀로서의 그녀의 경험과 목소리를 당당하게 들려주는 것'이라고 말했습니다.

애니 영의 진솔한 자기 고백을 들으면서 저는 세움이 만나고 있는 아이들, 부모의 수감으로 마음의 문이 굳게 닫힌 한국의 수용자 자녀들이 생각났습니다.

이 책을 한국어판으로 출판해야겠다고 마음먹은 것 역시 세움의 아이들, 한국 수용자 자녀들도 언젠가는 애니 영처럼 당당하게 자신의 경험을 이야기하고, 부모 수감의 경험을 긍정적 경험으로 극복하길 바라는 마음이 들었기 때문입니다.

이 책이 부모의 수감으로 마음의 문을 닫아버린 친구들에게 읽혀져서 자신의 가능성을 한정하지 말고 진정한 자신을 찾아가는 과정이 되는데 도움이 되길 바랍니다. 또한, 이 책을 통해서 수용자 자녀에 대한 이해가 사회적으로 넓어지길 바랍니다.

한국어판 출판을 허락해 준 애니 영의 어머니 라다나 드리고에게 감사를 드립니다.

추천사 써주신 INCCIP 이사장 낸시 박사, 한동대 상담심리사회복지학과 이지선교수님, 법무법인 지평 대표이신 임성택 변호사님께도 감사드립니다. 마지막으로, 자신들의 경험을 다른 친구들에게 나누기 위해 자신만의 비밀의 방을 열고 부모의 수감경험을 용기 내어 글로 써준 세움의 5명의 청소년들에게 감사의 마음을 전합니다. 더불어 "나 답게 꿋꿋하게 살아가고 있는 5명의 세움의 청소년들"이 자랑스럽습니다.

임성택 (변호사. 국가인권위원회 인권위원)

애니의 아버지는 절도죄로 12년형을 선고받았다. 이 책은 어린 나이에 아버지의 수감을 현실로 받아들여야 했던 15살 애니가 쓴 글이다.

그냥 수필이 아니다. 비슷한 처지의 청소년을 위한 가이드북이다. 그녀의 친할아버지도 수용자였고 심지어 이복 오빠도 교도소에 갔다. 이른바 범죄의 대물림(그녀의 표현에 따르면 '대대로 반복된 집안의 패턴'). 이 책은 그녀가 이 패턴에서 벗어난 경험담이자 절절한 안내서이다.

애니는 배우를 꿈꾸고 영화감독도 되고 싶은

당찬 소녀다. 학교에서는 좋은 학점을 받고 있다. 치어리더 동아리도 열심이다. 하지만 그녀는 평범한 소녀다. 어린 나이에 부모의 이혼을 겪었고, 아버지와 생이별을 했다. 그 상황은 무겁기 그지없다. "아빠는 내 고등학교 졸업식에도 못 오실 거고, 내가 치어리더 하는 모습도 절대 볼 수 없겠지! 무엇보다 내 생일마다 함께 하지 못하겠지." 그녀가 뼈저리게 느끼는 지울 수 없는 현실이다. 그러나 애니는 좌절하거나 체념에 빠져 있지 않다. "현실을 받아들여라. 세상이 끝났다고 여기지 마라. 이미 내게 주어진 것에 감사하라"고 이야기한다.

부모의 죗값을 함께 치르는 아이들. 다름 아닌 수용자 자녀들이다. 2017년 국가인권위원회 실태조사에 따르면 우리나라도 1년에 평균 5만 명이 넘는 아이들이 부모의 수감을 마주한다. 수용자 가정 중 기초생활수급자는 11.9%로 가구 평균보다 5.5배 더 많다. 부모의 이혼율도 일반 가정보다 5배 더 높다. 부모와 격리되고 이어지는 경제적 고통, 가족의 파탄에 더해 '죄인의 자녀'라는 낙인이 씌워진다. 그 결과 범죄의 대물림이 이루어지기도 하고, 수용자의 교화는 더욱 어려워진다.

우리나라의 경우 체포, 수사, 재판과 형 집행으로 이어지는 일련의 절차에서 자녀의 권리가 잘 고려되지 않는다. 인권위 조사에 따르면 부모가 체포되는 장면을 '목격한' 자녀는 6.3%에 이른다. 갑자기 들이닥친 경찰이 부모를 강압적으로 체포하는 장면은 아이에게 평생의 트라우마가 된다. 형사절차의 단계마다 자녀의 인권은 적절히 고려되지 못한다. 예컨대 구속 시 자녀의 양육환경을 조사하고 필요한 경우 적절한 아동보호체계를 연결하는 시스템도 잘 갖추어져 있지 않다. 양형 시 미성년 자녀의 양육을 고려하지 못하고 있다. 죄수복을 입고 유리창 건너에서 수갑을 찬 채 자녀를 접견하는 것은 피하고 싶은 일이다. 수용자 자녀에 대한 멘토링, 심리치료 등 체계적 지원도 부족하다.

수용자 자녀의 문제는 복지를 넘는 인권의 문

제이다. "나는 부모가 체포될 때 안전하게 보호되고 정보를 제공받을 권리가 있다. 나는 부모에 관한 결정이 이루어질 때 고려될 권리가 있다. 나는 부모와 떨어져 있는 동안 보살핌을 받을 권리가 있다. 나는 부모와 만나고, 보고, 대화할 권리가 있다. 나는 부모의 수감으로 인한 문제와 맞설 수 있도록 지원받을 권리가 있다. 나는 부모의 구금으로 인해 비난받거나 심판받거나 낙인찍히지 않을 권리가 있다." 2003년경 미국 캘리포니아에서 만들어진 「수용자 자녀 권리헌장」의 일부이다.

애니가 쓴 이 책이 모쪼록 한국의 수용자 자녀에게 위안이 되고 용기를 주는 가이드가 되기를 바란다. 나아가 이런 현실을 바꾸는 계기가 되기를 간절히 희망한다.

이지선(한동대학교 상담심리사회복지학부 교수)

2019년 한 해 동안 세움을 통해 수용자 자녀들을 만나 친구가 되는 시간을 가졌습니다. 그 소중한 인연으로 애니 영의 책을 여러분보다 먼저 읽었고, 또 이렇게 추천사를 쓸 기회도 갖게 되었습니다.

애니 영이 자신의 경험을 모두에게 열어 보이고 우리 같이 이겨내자는 응원을 보내는 이 책은 짧지만 아주 강력한 몇 가지 메시지를 전달합니다.

이 책은 수용자 자녀가 들려주는 지금 현재의

직접 메시지입니다. 어른들이 옆에서 지켜보니 수용자 자녀들이 '이렇게 잘 이겨내면 좋겠다'나 혹은 이미 그 시절을 다 지내온 사람이 과거를 돌아보며 '나 때는 말이야~'하고 들려주는 이야기가 아니라 지금 이 시간을 직접 경험하지 않고는 모르는 마음을 아는 사람이 자신의 목소리를 내어 비슷한 경험을 하는 친구들에게 보내는 응원의 메시지이기에 더욱 힘이 있습니다.

이 책은 우리나라의 또 다른 애니 영 작가가 나올 수 있도록 길을 터주는 책입니다. 그 동안 아무도 겉으로 드러내지 않으려 했고, 가리고 싶어 했던 이야기이지만, 누군가에게 용기가 되는 책을 '나도 쓸 수 있겠다'라는 생각이 들게 하는 계기가 되기를 바랍니다. 저는 이미 이런 이야기를 잘 들려줄 수 있는 역량을 가진 친구들을 알고 있습니다. 제가 만난 세움의 친구들, 또 아직 만나지는 못했지만 비슷한 경험을 하고 살아가는 수용자 자녀들이 애니 영처럼 저자가 되어 또 누군가에게 힘이 될 자신의 이야기를 들려줄 수 있기를 바랍니다.

제가 좋아하는 말 중에 정신과 의사이자 2차 세계대전 당시 아우슈비츠 수감소의 생존자인 빅터 프랭클 박사님께서 하신 말씀이 있습니다.

"불행 속에는 본질적으로 좋은 것은 없지만, 불행으로부터 좋은 것을 이끌어내는 것은 가능하다"

우리 수용자 자녀들이 겪는 것은 본질적으로 좋은 것이 될 수 없는 일이겠지만, 이 경험을 통해 좋은 것을 이끌어내는 사람들로 성장, 성숙해나가기를 응원하고 돕겠습니다. 이 책이 불행으로부터 좋은 것을 이끌어 내주는 디딤돌이 되기를 바랍니다.

낸시 룩스 교수 (Nancy Loucks Prof. NCCIP 회장)

국제 수용자 자녀를 위한 연대모임인 INCCIP (the International Coalition for Children with Incarcerated Parents)를 대표해 애니 영의 '나답게 꿋꿋하게 살아가는 법' 한국어판 출간을 축하하며 추천사를 쓸 수 있게 되어 영광스럽게 생각한다. INCCIP의 미션은 수용자 자녀들의 건강한 성장과 복지를 효과적으로 증진하고 달성하기 위해 같은 마음을 가진 다양한 단체와 개인들을 모으고 협력하며 지원하는 일이다. 책이나 만남을 통해 애니와 같은 청소년들로부터 당사자들의 목소리를 직접 듣는 것은 어떻게 INCCIP의 미션이 달성될 수 있는지를 보여준다. 애니의 책은 자기 자신의 잘못도 없이 낙인 찍히고 소외된 수용자 자녀들에게 필요한 변화를 만들어 낼 수 있도록 전 세계의 개인과 단체들에게 영감을 준다. 애니의 책을 한국어로 출판하기로 한 세움의 결정은 그러한 변화가 어떻게 확산될 수 있는지를 보여주는 예이다.

더욱 감격스러운 것은 애니가 재능 있고 활동적인 고등학생에서 전 세계적으로 영감을 주는 '체인지 메이커'로 성장하는 것을 지켜보는 것이다. 수용자 자녀들의 긍정적인 성과를 증진시키기 위해 만들어진 프로그램인 ScholarChips와 같은 단체의 지원을 받으며 성공적인 대학생이 된 애니는 환경의 희생자가 아니라 부모의 수감이 미치는 영향에 대해 계속해서 사회에 알리는 캠페인 활동가이다. 그녀는 다른 수용자 자녀들을 위한 실질적인 가이드부터 더 광범위하게 수용자 자녀지원을 위해 시행될 필요가 있는 목록까지 명확히 다루고 있다.

그 목록에는 최근 애니가 INCCIP 회원들에게 말한 것처럼 여섯 가지를 포함한다. 형벌이 범죄에 실제로 적합하도록 판결문이 작성되어야 한다는 점, 청소년들이 환경을 극복할 수 있도록 멘토십을 제공하는 것, 대학교육을 위한 펀딩과 직업훈련을 위한 자료를 수집하는 것, 수용자 자녀들이 서로의 트라우마를 극복할 수 있도록 도와주는 당사자모임을 만드는 것, 출소자들을 고용하고자 하는 사업주를 찾아내는 것, 그리고 청소년들이 수감된 부모와 지속적으로 연락하는 것에 대하여 그들이 무엇을 원하는지 직접 묻는 것이다.

가족의 수감은 장기적으로 좋지 않은 위험을 증가시키는 것으로 입증된 10가지 아동기 부정적 경험(Adverse Childhood Experiences) 중 하나이다. 그러나 애니의 경험은 반드시 그렇지만은 않다는 것을 증명한다. 애니가 이 책을 통해 강조하는 것처럼, 사랑하는 친구와 가족의 지지, 특히 애니의 엄마인 라다나를 통한 놀라운 지원은 아동과 청소년이 어떻게 그들의 경험을 다르게 대처하고 극복할 수 있는지를 보여준다. 애니의 '나답게 꿋꿋하게 살아가는 법'는 그녀와 같은 청소년들이 그들이 혼자가 아니라는 것, 그들에게도 이러한 지지자원이 있다는 것, 그리고 그러한 네트워크가 세계로 확대되어 있음을 알리기 위한 것이다. 이 책은 또한 수용자 자녀들이 보이지 않는 존재처럼 느껴지지만 그들이 목소리를 낼 수 있다는 것을 보여준다. 애니의 실천적인 지혜와 집중력은 다른 청소년들에도 그들의 경험을 안내하고 그들의 의견을 공유하기 위해 목소리를 내는 것이 중요하다고 강조하며 다른 청소년들이 애니와 같은 일을 할 수 있기를 격려하고 동기를 부여한다.

부모의 죄는 자녀의 죄가 아니다. 부모의 과거는 아이들의 미래가 아니다.

"수감된 부모는 여러분과 다른 사람입니다."

이 책을 읽고 있는 수용자의 자녀들, 특히 십대들에게 이 말을 꼭 하고 싶습니다. 그리고 제 딸에게도 똑같이 말하고 싶습니다. 애니의 엄마로서 애니가 절망하고 좌절하는 모습을 바로 옆에서 지켜봤습니다. 애니는 아빠의 수감 문제로 느끼는 실망을 저에게 말했습니다. 엄마로서 제가 할 수 있는 일은 자신의 감정에 솔직하고, 그 기분을 있는 그대로 표현할 수 있도록 격려하는 것이었습니다. 만약 애니와 같은 상황이라면 주변의 도움을 받아 절망을 이겨 낼 수 있는 방도를 찾아내길 진심으로 기원합니다.

하루하루 주어진 일을 하면서 한 발 한 발 나아갈 수 있다는 것은 축복입니다. 다음 시험에서 좋은 성적을 받기 위해 열심히 공부하는 것도 한 방법입니다. 무슨 일이든 생산적인 길을 찾아야 합니다. 건설적인 생각을 해야 합니다. 그리고 여러분이 바꿀 수 있는 일에 모든 에너지를 집중해야 합니다. 이것이 제가 할 수 있는 최선의 조언입니다.

살다 보면 좋은 날도 있고 엄마나 아빠의 품이 그리워지는 날도 있습니다. 절망이나 아픔이 마음에서 피어오른다면 여러분이 신뢰하는 사람에게 편안한 마음으로 상처와 실망감에 대해 털어놓으세요. 아마 부모님, 조부모님, 고모나 이모, 또는 삼촌이 될 수 있고, 혹은 여러분이 다니는 교회의 누군가가 될 수 있습니다. 부정적인 기분이나 생각을 없애기 위해 혼자서 끌어안고 고민하지 않기를 바랍니다.

자신의 감정을 다루는 방법을 이해하는 데는 시간이 걸립니다. 아마 여러분이 겪고 있는 일이나 상황을 아무도 이해할 수 없다고 느낄 겁니다. 그럴 때는 기분이 좋아지는 활동을 해보세요. 그럼 다른 생각이나 기분이 들 겁니다. 가장 좋은 방법은 어려운 사람을 돕는 겁니다. 여러분의 에너지를 여러분보다 힘든 삶을 사람들에게 나눠주세요. 진부할 수 있지만 애니는 자신이 느끼는 수치심을 극복하기 위해 그렇게 했습니다.

그리고 애니는 글쓰기를 통해 자신 안에 있는 부정적인 감정과 마주했습니다. 그리고 자신이 경험한 시련과 고난에 대해 솔직하고 싶어 이 책을 썼습니다. 자신처럼 부모가 교도소에 수감된 십대 청소년들을 위한 안내서를 쓰는 것이 그녀의 마음 치유법이었습니다. 이 책을 준비하면서 애니는 자신이 생각했던 것보다 자신이 더 강하다는 것을 깨달았습니다.

만약 애니가 아무것도 하지 않았다면 아빠가 수감중인 현실에 빠져 허우적거렸을 겁니다. 그녀는 진실을 숨기는 대신 이 책을 통해 다른 십대들에게 새로운 통찰을 주고 싶어 했습니다. 여러분이 어떤 아픔을 마음에 품고 있는지는 정확히 알 수 없습니다. 그러나 '아이 하나를 키우기 위해서는 온 마을이 필요하다'는 아프리카 속담은 알고 있습니다. 저 혼자 키웠다면 사랑스럽고 적극적인 성격의 애니로 키우지 못했을 겁니다. 이건 제가 가장 잘 알고 있습니다.

아빠가 10년이나 자신 곁에서 함께 할 수 없다는 상처와 고통을 이 책을 쓰면서 이겨냈습니다. 이 책은 사랑과 영감 그리고 희망의 기록입니다. 애니의 목표는 간단합니다. 여러분이 혼자가 아니라는 것을 꼭 알게 하고 사랑받는 존재라는 것을 잊지 않게 하는 겁니다.

목차

한국어판을 출판하며 _ 7

추천사 _ 11

세움의 좋은 친구가 되고 싶은 마음을 담아 _ 15

소개의 글 _ 19

애니 엄마가 꼭 하고 싶은 말 _ 23

프롤로그 _ 29

1장 가족 • 33

애니의 이야기 _ 35

꼭 하고 싶은 이야기, 하나 _ 37

나나의 이야기 _ 39

2장 좋은 것, 나쁜 것 • 49

애니의 이야기 _ 52
꼭 하고 싶은 이야기, 둘 _ 53
빈이의 이야기 _ 55

3 장 사랑하는 엄마 • 63

애니의 이야기 _ 67
꼭 하고 싶은 이야기, 셋 _ 69
소심이의 이야기 _ 71

4 장 열정과 목표 • 77

애니의 이야기 _ 80
꼭 하고 싶은 이야기, 넷 _ 82
쏘쏘의 이야기 _ 84

5 장 인생의 방향 • 91

애니의 이야기 _ 93
꼭 하고 싶은 이야기, 다섯 _ 95
지우개의 이야기 _ 97

옮긴이의 글 _ 101

솔직히 나는 누구에게든 동정 받는 것을 좋아하지 않는다. 아빠는 자신의 잘못으로 교도소에 수감되어 있다. 이 사실이 부끄러워 가장 친한 친구에게 조차 말할 수 없었다. 하지만 아빠에 대해 질문을 받으면 거짓말을 하지는 않았다. 나는 단지 말을 하지 않았을 뿐이다. 그냥 아빠는 노스캐롤라이나에 산다고 말한다. 거기가 교도소라는 말은 뺀다.

부모와 자녀를 비교하고 비슷한 점을 찾아내는 평가들이 황당하다. 아마 이런 판단을 한 사람들은 교도소에 아빠를 두고 있는 나 역시 언젠가 범죄자가 될 수 있다고 생각하는 것 같다.

보통 사람들은 이렇게 생각한다. 그래서 나는 사람들의 시선을 피하고 싶었다. 말하고 싶지 않았고 친구도 없이, 엄마와도 벽을 쌓으면서 살았다. 그렇다고 사람들의 동정이 필요했던 건 아니다.

그래서 난 이런 상황을 해결하기 위해 이 상황을 모른 척했다. 모순적인 해결방법이지만 나에게는 그럴 이유가 충분했다.

나답게
꿋꿋하게 ─────────────────────
살아가는
법

1장

가족

우리 가족은 문제가 많다. 나는 줄곧 엄마와 살았고 엄마가 아빠랑 이혼한 후로는 아빠의 가족들을 거의 만난 적이 없다. 이혼 후 엄마를 따라 메릴랜드로 이사를 갔다.

아빠의 가족들은 나에게 신경도 쓰지 않았다. 내 전화번호도 알고 있었지만 누구도 내게 연락 한번 하지 않았다. 세 명의 이복 남동생과 한 명의 이복 여동생이 있지만 그들도 나에게 연락하지 않았다. 뭐, 상관은 없었다.

지금도 아빠 가족들과 친하지 않지만 아빠와는 여전히 가깝게 지내고 있다. 다른 형제들은 아빠와 잘 연락하지 않고 지내지만 난 아빠와 연락을 하고 지낸다. 아빠가 잘못을 했다는 이유로 무관심할 이유는 없다고 생각한다. 아빠가 교도소에 수감되었다는 건 이미 자신이 저지른 잘못에 대한 대가를 충분히 치르고 있다는 의미이기 때문에 아빠를 무시하거나 아빠의 마음에 상처를 내는 건 아무런 의미가 없다. 그리고 화를 내는 건 내 성격과도 어울리지 않는다.

　우리 집안에는 대대로 반복되는 패턴이 있
다. 친할아버지도 교도소에 수감된 적이 있으시
고 지금은 그 아들인 우리 아빠가 교도소에 수
감되어 있다. 이게 끝이 아니라 이복 큰오빠도
현재 교도소에 수감되어 있다. "범죄의 대물림"
처럼 반복되는 이러한 현상을 어떻게 설명할 수
있을까?

　흑인들은 각 세대마다 누군가는 교도소에 가
는 것처럼 보인다. 그들의 부모처럼 옳지 않은
결정을 내리고 그 결과 자신의 자유가 구속될
수 있다는 사실을 간과한채 부모의 발자취를 따
른다.

　이런 문제에 관해 오빠와 자주 이야기했다.

적어도 한 달에 한 번은 전화 통화로 오빠의 근황을 확인했다. 어렸을 때 오빠는 발목에 전자발찌를 차고 있었는데 집행유예 상태였다. 당시 오빠는 17~18세 정도였는데 왜 자택감금을 선고받았는지는 기억나지 않는다.

교도소에서 삶을 마감하고 그의 어린 딸도 다시는 볼 수 없다고 이야기했지만 '쇠귀에 경 읽기'였다. 아마도 내가 오빠보다 어려서 그런지 내 말을 귀담아 듣지 않았다.

- **여러분의 가족이 완벽하기를 기대하지 마세요.**

  이 세상 어떤 가족도 완벽하지 않아요.

  완벽한 가족관계를 기대한다면 누구나 실망할 수밖에

  없어요.

- **교도소에 있는 부모님께 자주 연락을 하세요.**

  교도소에 수용된 것만으로도 형벌은 충분해요.

  여러분이 자주 편지를 쓴다면 교도소에 계신 부모님께

  큰 힘이 될 거예요.

- **여러분이 통제 할 수 없는 일로 화를 내지 마세요.**

  화를 낸다고 해서 아무것도 달라지지 않아요.

  오히려 화를 내면 낼수록 여러분의 마음이 다칠 뿐이

  랍니다.

- **교도소에 계신 부모님을 너무 원망하지 마세요!**

물론, 여러분의 부모님이 잘못된 선택을 했고 그로 인해 좋지 않은 결과를 초래한 것은 맞아요. 그렇다고 원망해 봤자 아무런 소용도 없고 상황이 달라지지도 않아요.

무엇보다 그것은 여러분을 위해 건강한 방법은 아니에요. 차라리 여러분이 느끼는 솔직한 감정에 대해서 부모님께 편지를 써보는 건 어떨까요?

쉽지는 않은 일이지만 부모님을 용서하세요,

그리고 여러분의 삶은 앞으로 나아가야 합니다. 그것이 가치 있는 삶이니까요.

엄마가 아빠의 수감 사실을 털어놓았던 순간이 아직도 생생하다. 그날은 이상하게도 집에 아빠가 없었다. 엄마는 평소보다 바빴고 목소리는 유난히 어두웠다. 사실 난 우리 가족에게 안 좋은 일이 일어날 거라는 것을 어느 정도 눈치챘었다. 부족함 없이 부유했던 우리 가족이 급격히 몇 년 전부터 사정이 안 좋아졌기 때문이다. 저녁 식사를 하던 중, 엄마는 눈물을 흘리며 당분간 아빠를 못 볼 것 같다고 우리에게 털어놓고 말았다.

'하늘이 무너졌다.' 엄마에게 아빠의 소식을 들었을 때 처음으로 떠오른 생각이었다.

그때 나는 14살이었고 나에게는 3살 터울인 남동생과 각각 9살, 10살 터울인 여동생들이 있었다. 당장의 생계와 엄마가 채워줘야 할 아빠의 역할 그리고 감당해야 할 무거운 마음들, 아빠의 역할이 참 중요한 시기에 이를 감당해야 하는 어린 동생들이 너무 걱정됐다.

그로부터 3년이 지났고 나는 17살이 되었다. 3년 동안 정말 많은 것이 변했다. 항상 불안했던 나는 어느 정도 안정을 찾을 수 있게 되었고 나다운 인생을 살아갈 수 있는 사람이 됐다. 나와 비슷한 상황에 있는 여러분에게 아무에게도 털어놓지 못한 내 이야기를 하며 내 생각을 전하고자 한다.

처음에는 아빠를 원망했고 부정적인 생각만 가득했다. 평범함도 주지 못하면서 아빠의 빈자리만 주는 게 참 미웠다. 그래서 아빠에게 편지를 쓰지 않았고 보고 싶은 마음도 없었다. '난 왜 평범한 가정이 아닐까?', '왜 항상 불행하지?'라는 생각만 했다.

그러다 문득 깨달았다. 오히려 평범하고 행복한 게 더 어려울 때가 있다는 걸, 그 누구도 항상 평범하고 항상 행복할 수 없다는 걸, 그리고 어떤 가족도 완벽하지 않다는 걸. 그렇게 생각하자 내 마음 한구석이 편해지기 시작했고 아빠가 수감된 지 2년 만에 처음으로 얼굴을 보러 갔다.

그렇지만 아직도 가끔은 아빠가 밉다. 무거운 가구들을 엄마와 나, 어린 동생이 힘겹게 옮길 때, 다른 아이들이 아빠 이야기를 하면 난 아무런 할 말이 없을 때, 학교에서 나눠주는 설문지에 아빠와 함께 살고 있다고 거짓말해야 할 때 너무 밉다. 그래도 아빠 나름대로 힘든 시간을 보내고 있을 테고 원망과 부정적인 생각은 나를 더 아프게 하는걸 알기 때문에 항상 마음을 다잡는다.

여러분도 힘든 상황이라고 해서 마냥 원망하고 부정적인 생각만 하지 않았으면 한다. 수감되신 여러분의 부모님도 그곳에서 힘든 시간을 보내고 계실 거고, 여러분에게 미안한 감정을 갖고 계실 것이다. 여러분의 앞날을 위해 끊임없이 기도 중이실지도 모른다. 그렇기 때문에 조금씩이라도 틈틈이 편지를 쓰고 마음이 열릴 때 만나면서 힘이 되어드렸으면 한다. 누군가를 용서하고 안아줄 수 있다는 건 정말 중요하다.

누구에게도 항상 좋은 일만 있지는 않다. 비가 계속 내리다가도 구름이 걷혀 무지개를 드러내며 밝은 햇빛을 주는 하늘처럼, 여러분도 위기를 극복해서 무지개를 멋지게 드러내며 빛나는 인생을 살아갔으면 좋겠다.

지난 3년 동안 이런 저런 일들을 겪으며 울기도 많이 울었고 그만큼 많이 성장했다. 처음엔 '난 왜 더 좋은 환경이 아닐까?'라는 생각으로 힘들었지만 지금은 주변 환경에 참 감사하다. '무엇이 감사할 수 있는 거지?'라고 묻는다면 이렇게 답하고 싶다. 나는 누구보다도 사랑이 많고 나에게 무엇이든 해주려고 하는 강인한 우리 엄마가 있고, 힘들 때 기대면서 기도할 수 있는 종

교가 있음에 감사하다. 그리고 난 내 주변 사람들을 사랑하고 내 사람들이 있음에 버틸 때도 많다. 사실 난 지금도 부정적일 때가 있지만 긍정적으로 변하려 노력한다. 긍정적인 생각이 시작되는 부분은 사소함이 아닐까? 여러분도 사소한 것에 감사하고 사랑할 수 있는 사람이었으면 좋겠다.

여러분이 혼자 무거운 짐을 짊어지지 않았으면 좋겠다. 나는 아빠가 수감되고 나서 나와 비슷한 상황에 처한 친구들을 도와주는 세움이라는 사회복지 단체를 알게 되었다. 처음에는 '불쌍한 애들을 모아놓고 동정하는 건 아닌가?'싶었고, 세움과 함께하고 있는 아이들을 보는 게 두려웠다. 그런 생각으로 마음의 문을 열지 못했고, 세움 모임에 적극적으로 참여하지 않았다. 그러나 점차 우리에게 다가오고 진심으로 대해주시는 선생님들의 마음을 느꼈다. 그러면서 모임에 나가고 그곳에 있는 친구들, 선생님들과도 가까워질 수 있었다. 또한 아무에게도 하지 못했던 이야기를 친구들에게 털어놓으며 나를 감추지 않을 수 있었다. 적어도 그곳에서 만큼은 난 그냥 나였다. 여러분도 용기를 내서 세움과 같은 곳으로 와도 좋고, 가족들에게 털어놔도 좋고, 주변인들에게 힘들다 해도 좋다. 물론 혼자만의 시간을 가져도 좋다. 어떤 방법으로든 무거운 짐을 내려놓고 기대는 시간을 가졌으면 좋겠다.

나는 세움 모임에 참여하면서 세움에 계신 선생님들처럼 힘들고 위기에 처한 청소년들을 도와주고 싶다는 생각을 했다. 그러면서 나의 꿈을 만들어가기 시작했다. 내 꿈을 만든 이후로 나의 가치를 찾아가는데 열중하게 되었다. 여러분도 위기가 아닌 인생의 터닝 포인트로 생각해 보는 것이 어떨까? 그러면서 자신의 꿈과 가치를 찾아갈 수 있다. 이렇게 꿈과 가치를 찾으면 여러분이 앞으로 나아갈 때 더욱 열정적으로 나아갈 수 있는 동기부여가 될 것이다.

힘들면 넘어져도 좋다는 말도 해주고 싶다. 나도 이런 일을 겪으면서 수십 번을 넘어졌다.

죽고 싶은 적도 있었고, 다시 일어날 수 없다고 생각한 적도 있다. 그럼에도 불구하고 누구에게도 내 이야기를 쉽게 할 수 없는 현실이 너무 싫었다. 하지만 나에게는 그 누구보다 나를 사랑해주는 엄마와 귀여운 동생들 그리고 멀리 있지만 나를 위해 기도하고 있을 아빠 등 따뜻한 가족이 있다. 꿈과 목표도 있다. 그렇기에 나는 다시 털고 일어나 나아갔다. 여러분도 넘어지는 건 괜찮지만 꼭 털고 일어났으면 한다. 일어나는데 오랜 시간이 걸려도 좋고, 일어나고 나서 꼭 뛰어가지 않아도 좋다. 힘들면 가끔은 쉬어가고, 천천히 걸어가도 괜찮다.

'내가 지금 어떤 속도로 쉬지 않고 달려가고 있는가'에 초점을 맞추는 게 아니라 털고 일어나는 과정과 나아가면서 깨닫는 것들에 초점을 맞추는 것이 훨씬 중요하다. 여러분은 세상에 하나밖에 없는 소중한 사람이고, 누군가는 살고 싶어도 못 사는 인생을 살아가고 있고 그냥 넘어져만 있기에는 너무 아깝다.

여러분이 지금 느끼고 있는 감정들을 나도 공감한다. 부모님 얘기를 할 때 아무 말도 할 수 없는 것, 힘들 때 이야기를 터놓고 말 할 사람이 없는 것, 어쩌면 지금 이런 글을 읽고 있다는 사실조차 힘들 수도 있다. 그래서 너무 수고했다는 말과 버텨줘서 고맙다는 말을 하고 싶다. 사실 아직도 난 이겨내는 방법을 잘 모른다. 힘들면 또 다시 넘어지고 무너져 버린다. 하지만 어떻게 해서라도 일어난다. 늘 긍정적인 생각만 할 수 있는 것도 아니다. 또 그렇게만 하려고 애쓰지도 않는다. 가끔은 흘러가는 대로 두다가 시간이 지나고 마음을 다잡기도 한다. 그러면서 난 이겨나가고 있다. 지금도 나는 이겨내는 방법을 찾아가는 중이다. 정답은 없다고 생각한다. 내가 그 정답을 만들어 가면 되니까.

지금까지 여러분에게 한 말들은 내가 정말 힘들었을 때 듣고 싶었던 위로와 조언이다. 누군가에게 쉽게 말하지 못하고 혼자 힘들어하고 있었던 여러분에게 나의 위로와 조언이 작은 힘이 됐으면 좋겠다. 힘을 내도 좋고 가끔은 힘을 빼도 좋다. 오히려 너무 힘을 내면 금방 힘이 빠지고 더 힘들어지기 마련이니까. 하지만 무너져도 이겨낼 수 있는 여러분이 될 수 있었으면 좋겠다. 본인만의 가치를 찾으며 나다운 인생을 살아가길 간절히 기도하고 또 응원한다. 결국엔 예쁜 무지개를 드러내는 여러분과 내가 되길.

나나(17세, 중3, 여)의 글

닉네임 '나나'의 의미: 나다운 게 중요하다는 의미가 담김.
어렸을 때 해외에서 가족들이 단란하게 살았을 때 사용한 이름

나답게
꿋꿋하게
살아가는
법

2장

좋은 것과
나쁜 것

교도소에 가기 전 아빠는 게임을 좋아하는 기술자였다. 아빠는 항상 스타워즈에 빠져 있었다. 아빠가 가장 좋아하는 영화였다. 내가 어렸을 적 아빠는 핼러윈 때마다 스타워즈에 나오는 요다(Yoda)나 다스 베이더(Darth Vader)로 변장했다. 꽤 열정적인 팬이었다.

내가 다섯 살이 지나자 부모님이 헤어졌고 엄마와 함께 노스캐롤라이나 샬롯(Charlotte)으로 이사했다. 아빠를 매일 볼 수 없었지만 가끔 주말에는 만날 수 있었다. 이혼한 부모가 서로에게 화가 났을 때 어느 한쪽 편만 드는 건 힘든 일이다. 당시에는 왜 엄마 아빠 사이가 나쁜지도 알지 못했다. 당시 7살이었는데 왜 엄마가 화났는지 물었지만 아빠는 엄마가 제정신이 아니라고만 말했다.

물론 엄마의 화난 모습을 보면 아빠의 말이 이해되기도 하지만 엄마가 이유 없이 저렇게 화를 낼 수 없기에 아빠의 대답은 옳지 않다.

시간이 지나서 아빠가 바람을 피우고 있다는 것을 알게 되었고 엄마는 그런 아빠와 관계를 정리한 것이다. 엄마와 내가 아빠랑 따로 살게 되면서 아빠는 나를 찾아오는 일이 점점 줄어들었다.

몇 년 후 아빠에게 새로운 아기가 생긴 걸 알게 되었고 아빠는 나에 대한 경제적 지원을 중단했다. 결국 엄마는 1년 넘게 혼자서 우리 생계를 책임져야 했다. 결국 엄마는 나를 프랑스령 서인도 제도에 사는 할머니에게 보냈고 엄마가 경제적인 여유가 생길 때까지 거의 3년 동안 할머니와 살았다.

내가 해외에 있는 동안 엄마는 아빠가 교도소에 있다는 연락을 받았다. 이 소식이 그렇게 충격적이지 않았다. 아빠는 절대로 전화비가 밀려서 끊기게 할 사람이 아니다. 그런데 아빠의 전화가 끊겨있었다. 아빠는 12년형을 선고받았다. 대단하지 않은가!(비아냥거림) 아빠는 내 고등학교 졸업식도 못오고 치어리더로 활약하는 내 모습도 볼 수 없다. 무엇보다도 12년 동안 내 생일에 함께하지 못한다.

2년 후 내가 대학에 갈 때쯤에는 아빠가 교도소에 있지 않기를 바란다. 하지만 이 모든 소중한 순간을 놓치게 되는 것은 모두 아빠 자신의 잘못된 결정들 때문이다.

아빠가 수감된 이유는 살인을 하거나 누굴 납
치해서가 아니라 절도 때문이다. 아빠가 출소할
때쯤이면 난 스무 살이다. 이중처벌금지의 원칙
에 대해 들어본 적이 있는가? 같은 죄로 두번 기
소당하는 것을 금지하는 법이다.

아빠가 설명을 해 줬는데 아빠는 실제로 무
죄로 판결난 사건에 대해 두 번 재판을 받았다.
그런데도 아빠는 12년 3개월이라는 절도죄 치
고는 꽤 긴 형을 받았다. 아빠가 형을 다 마치게
될 때쯤 나는 대학을 졸업한다.

시간은 그냥 흘러간다. 아빠 기억 속의 9살
소녀는 대학 졸업생이 되는 것이다. 그 동안의
추억은 하나도 없이.

- **좋았던 시간을 떠올려 보세요!**

  나쁜 기억만 떠올리면 수용된 부모님에 대한 미움이 더 커질 수밖에 없어요.

  지금은 교도소에 계시지만 수용된 부모님의 좋은 점과 그분과 함께 했던 좋은 추억을 떠올리며 항상 긍정적으로 생각하려고 노력해야 해요.

- **현실을 인정하고 받아들이세요!**

  부모님이 꼭 함께 했으면 하는 소중한 순간이 있지요? 그 순간에 교도소에 계신 부모님은 여러분 곁에 없을 거예요. 아쉽지만 그 사실은 바뀌지 않아요.

  여러분이 처한 현실을 극복하기 위한 방법을 배울 수 있어야 합니다.

- **이미 내게 주어진 것에 감사하세요.**

  모든 것을 다 가진 것처럼 보이는 다른 가족들과 여러분의 가족을 비교하지 마세요. 내게 없는 것에 집중하다 보면 누구도 내 삶에 만족할 수 없어요.

  오히려 이미 내게 주어진 것에 집중하고 감사하는 마음을 가지세요.

- **세상이 끝난 것처럼 생각하지 마세요.**

  수용된 부모님이 여러분의 삶 속에 더 이상 함께 하실 수 없게 되었지만 여러분의 하루하루 삶은 계속되어야 해요.

  변하지 않는 현실 때문에 불필요하고 스트레스 받는 생각에 계속 빠져 있지 마세요. 여러분이 건강하게 하루하루를 살아가는 법을 배워야 합니다.

나는 가정폭력, 아동학대, 성폭력 피해자이자
생존자다.

8살부터 아빠에게 폭력과 학대를 당했다. 손,
발, 효자손, 옷걸이, 야구방망이로 일주일에 서
너 번 무차별 폭행을 당했다. 1년에 폭력을 당
한 횟수가 200번 정도는 됐을 거다. 맞은 이유
는 딱히 없었다. 아빠는 기분이 안 좋거나 컨디
션이 좋지 않으면 때렸다. 왜소한 몸에 셀 수 없
이 많은 멍과 상처가 생겼고 점점 심해져 갔다.

학창시절도 절망적이었던 난 초등학교 1학년
부터 고등학교 1학년까지 왕따를 당했다. 상태

는 나빠져만 갔고 13살 때 학교의 권유로 정신과를 가게 되었다. 나는 우울증을 판정받고 약을 복용하며 놀이치료를 했다. 14살에 치료를 그만두자 성추행, 성희롱이 시작됐다. 아빠가 신체부위를 만졌고, 내가 샤워를 할 때면 들어와 비웃고 조롱하고 입에 담기 힘든 수치스러운 말들을 했다. 그럴 때면 난 죽고 싶었고 매일이 고통스러웠다. 살고 싶지 않았고, 철창 없는 감옥에 갇혀있는 것 같았다. 이러다 죽을 수도 있겠구나! 그런 생명의 위협을 느낄 정도로 맞았었다. 하루하루를 혼자서 견뎌내야 했고 날 구해주는 사람은 아무도 없었다. 아빠가 때릴 때큰 소리가 나면 밖에 들릴 만도 했지만, 사람들은 지나쳤고 외면했고 침묵했다. 집을 뛰쳐나가아무나 붙잡고 살려달라고 애원하고 싶었다. 하지만 아빠의 보복이 두려워 그럴 수 없었다.

2018년 4월 어느 날, 상담 선생님께서 신고를 하셨다. 바로 아동전문보호기관에서 아빠랑 나를 격리시켰다. 아빠는 날 죽여 버리겠다고 했고, 나는 너무나도 두렵고 무서웠다. 그리고 아빠에게 한 달간 접근금지명령이 내려졌다. 경찰서에서 진술을 하고 검찰, 법원을 오가며 1년 동안 재판을 했다. 아빠는 구속수사를 받던 중 집행유예를 선고받아 2019년 5월 말에 출소했다. 2018년은 내 인생에서 가장 최악이자 수없이 무너지고 정신적, 심리적으로 가장 힘들었던 해였다.

엄마도 내 편이 아니었다. "네 잘못이야", "네가 원인 제공을 한 거야!"라는 엄마의 말이 가슴에 비수가 되어 꽂혔다. 엄마는 합의서를 강요하고 협박했고 지금은 아빠와 같은 괴물이 되어가고 있다. 가족, 주변 사람들의 비난은 심해져 갔다. 난 누군가의 도움이 절실했다. 증상은 점점 심각해졌고, 중학교 때부터 수없이 많은 자해와 자살시도를 했었다. 우울증, 공황장애, 외상 후 스트레스 장애까지 나에겐 지울 수 없는 상처가 생겼다. 사람을 믿지 못하게 되었고 나를 혐오하게 되었다. 매 순간이 위기였고 무너졌다. 사실 많이 무서웠고 두려웠다.

악착같이 버텨 20살이 된 지금 내가 성인이 되었다는 사실이 믿기지 않는다. 기적인 것 같다. 나는 꿈과 목표가 확실하다. 어렸을 때부터 꿈이었던 메이크업 아티스트가 되기 위해 버티고 노력해서 20학번 대학생이 되었다. 메이크업이 내 인생의 일부가 되었고 삶이 되었다.

생각해보면 죽고 싶었던 순간들을 20년 동안 무엇 때문에 그렇게 버텨왔는지 모르겠다. 누군가 날 구해주기를, 손 내밀어주기를 항상 기대하고 간절히 바래왔다. 그렇게 버틸 수 있었던 것 같다. 그러나 내 일도, 내 소중한 사람의 일도 아니기 때문에 사람들은 침묵하고 외면한다. 난 그렇게 살고 싶지 않다. 누구에게나 속사정이 있고 아픔이 있다. 그 아픔을 공감해주고 위로해주고 보듬어주고 감싸줄 수 있는 사람이 되고 싶다. 나는 누군가의 상처를 지나치지 않을 것이다. 나와 비슷한 상황 속에서 힘들어하고 아파하는 사람들에게 먼저 손 내밀 것이다. 그 손을 잡을 수 있게 도와주고 이끌어줄 것이다. 그 사람들의 곁을 떠나지 않을 것이고 절대 손을 놓지 않을 것이다. 지금 이 순간에도 아프고 상처가 있는 사람들에게 위로가 되고 곁에 있어주고 싶다.

지금 이 순간에도 힘든 시간들을 견디고 있는 친구들, 동생들, 또 누군가에게

안녕? 난 메이크업을 전공하고 있는 스무 살 여대생이야! 너희들에게 꼭 해주고 싶은 말이 있어서 이렇게 편지를 써. 너희에게 무슨 일이 있었는지 잘 알지 못하지만 내 진심이 잘 전달되었으면 좋겠어. 너희들에게는 어떤 일들이 있었어? 그동안 많이 힘들고 아팠지? 이 말이 참 듣고 싶었을 것 같아. 어떤 마음으로 그 고통을 견뎌왔을지 감히 조금은 가늠이 돼. 지금도 힘든 순간들을 버티고 있을 것 같아. 그 순간들을 감당하고 버티느라 얼마나 버거웠니? 너희가 힘들다고 말하지 못하는 이유가 가족, 친구, 지인들이 걱정할까봐, 나를 이상하고 안 좋게 볼

까봐, 상처를 티내고 싶지 않아서, 너만 힘든 게 아니야 라는 말을 들을까봐 그래서 힘들다고 말하지 못하는 거지? 자신의 힘듦을 표현하는 건 많은 용기가 필요한 일이더라.

난 20년 동안 주변 사람들에게 힘들다고 말하지 못한 게 너무 후회가 돼. 말해봤자 해결되는 건 없으니 어느 순간 입을 다물게 되고, 말하지 않게 되면 그게 쌓여서 감당하기 힘들 정도가 돼. 그러면 무너져 버리게 되더라. 내가 과거에 그렇게 하지 못해서 지금의 내가 되돌아갈 수 없을 만큼 되어버렸어. 너희들은 아프다고 티내고 투정부렸으면 좋겠어. 충분히 그래도 돼. 이 상황이 지금 일어난 일들이 너희들 때문이 아니야. 남들이 너희를 비난해도 자신만큼은 원망하지 않았으면 좋겠어.

내가 해주고 싶은 말은 힘들 때 힘들다고 이야기하라는 거야. 참지 말고 목소리를 내줬으면 좋겠어. 너희들 한명 한명은 누군가에게는 없어서는 안 될 정말 소중한 존재야. 그리고 또 누군가에게 세상을 살아가는 힘이야.

　아프지 않았으면 좋겠어. 너무 힘들어서 눈물이 나면 참지 않았으면 좋겠어. 사실 아직도 난 현재진행형이야. 하지만 우리 같이 이겨내보자. 세상이 차갑지만, 어떤 힘든 일들이 다가오고 있을지 모르지만, 두렵고 무섭겠지만 나와 함께 용기내서 살아가보지 않을래? 너희들이 가는 길이 험하고 힘들어서 주저앉을 때면 내가 했던 말들을 기억해줄래? 너희가 누군지 모르지만 비슷한 아픔이 있는 누군가가 응원해주고 있다고 생각해줘. 살면서 기쁘고 행복해서 벅찰만큼 따뜻한 날들이길 진심으로 기도하고 응원할게.

빈이(20세, 대1, 여)

*닉네임 '빈이'의 의미는 자신의 이름을 친근하게 부르는 방식

나답게
꿋꿋하게
　　　살아가는
　　　법

3장

사랑하는
엄마

엄마는 배려심이 깊고 사랑이 많은 사람이다. 욕심이랄까? 엄마는 꿈도 많고 야망도 많은 사람인데 엄마의 이런 점을 내가 물려받았다. 좋은 직장을 다니면서 결혼하고 아이를 낳아 기르는 평범한 삶 이상을 꿈꿨다. 그러나 다른 엄마들처럼 우리엄마로 완벽하지 않다. 보통의 인생처럼 아주 작은 희망도 쉽게 이루어지지 않는 것이다. 그래서 엄마를 이해해야 했다.

혼자서 아이를 키우는 일은 쉽지 않다. 그 아이가 십대라면 더욱 그렇다. 청소년들은 자신을 제대로 이해하기 위해 노력한다. 그러면서 학교 숙제. 시험, 입시에 대한 고민을 한다. 물론 이런 모든 활동이 서로 연결되어 있음을 알지 못한다.

나는 불안감이 커졌고 엄마와 자주 부딪혔다. 내 마음 깊은 곳에는 아빠에 대한 원망이 있었고 엄마와의 사소한 갈등에도 과잉 반응을 보였다. 손바닥도 마주쳐야 소리가 나듯이 엄마 역시 완벽한 사람이 아니었다. 이 세상에 완벽한 사람이 과연 있을까

최근까지도 엄마가 나를 전혀 이해하지 못한

다고 생각했다. 엄마는 내가 느끼는 것들을 그대로 받아들이기 보다는 어떤 틀에 맞춰 나를 판단했다. 엄마는 내가 진짜 말하고 싶은 이야기가 무엇인지 알지 못하는 경우가 많았다. 나는 결국 엄마가 내 이야기를 듣고 싶어 하지 않는다고 생각했고, 엄마에게 말하는 것을 포기했다. 엄마는 나를 모른다고 판단했다. 청소년이 되었는데 꼬마같이 행동하기를 기대하는 거 같았다.

사람의 성격은 변한다. 아빠가 수감된 후 나는 세상일에 관심이 없어졌다. 나는 그저 시간만 지나면 모든 일이 해결될 것만 같았다.

나는 그저 스트레스에서 벗어나고 싶었다. 물론 내가 말을 하지 않으면 아무도 내 상태를 알 수 없지만 그렇다고 나는 내 문제나 감정을 다른 사람들에게 드러내는 스타일이 아니다.

엄마는 나의 이런 면을 마음에 들어 하지 않았다. 말을 하지 않는 것이 결국 나를 위한 길이라는 걸 이해하지 못했다. 이때에 난 이미 내가 느끼는 감정을 혼자 추스르는데 익숙했는데도 말이다.

내 마음을 그대로 보여주지 못한 잘못도 있지만 아빠와 함께하지 못하는 것이 아쉬웠다. 특히 엄마는 데이브 앤 버스터즈(Dave & Busters) 오락실로 날 자주 데리고 갔는데 그곳은 아빠랑 자주 가던 곳이었다. 아빠가 없는 오락실은 더 쓸쓸했고 나를 외롭게 만들었다.

내 마음을 불편하게 했던 것 같다. 특히 엄마는 데이브 앤 버스터즈(Dave & Busters) 오락실처럼 이전에 내가 아빠와 자주 갔던 추억의 장소로 나를 데려가곤 했는데, 아빠없이 그곳에 가면 아빠가 내 곁에 없다는 사실이 더 가슴 아프게 상기되었다.

우리 엄마는 독립적이다. 그러나 누구도 혼자의 힘으로 살아갈 수 없다. 아마 제일 혼자하기 힘든 일이 아이 돌보는 일일 것이다.

학부모회, 발표회에서 다른 친구들은 모두 부모님이 두 분 다 오셨는데 나만 혼자 부모님 중한 분만 오셨을 때 어떤 기분이 드는지 잘 알고 있다.

엄마는 나를 책임지는 것이 힘들었는지 3년간 해외에 계신 할머니에게 나를 맡겼다. 그 동안 엄마는 친구와 함께 살았고 몇 개월을 저축하여 첫 아파트를 장만했다. 하지마 바로 엄마를 만난 것은 아니다. 집이 생기고 2년이 지나서야 미국으로 돌아올 수 있었다. 집에 돌아와서 나는 너무 기뻤다.

할머니와 지냈던 프랑스령 카리브해 과들루프라는 지역은 아이들이 그렇게 환영받는 곳이 아니었다. 특히 내가 미국인이라는 이유로 그곳 사람들은 나를 싫어했고, 내가 그곳에 사는 기간이 길어질수록 나는 미움을 더 받았다. 물론 미국에 있는 학교에서도 어느 정도의 인간관계의 문제가 있지만 이곳을 떠날 때 지역의 아이들로부터 더 이상 미움을 받지도 않아도 된다는 생각에 안도했다.

한 가지 분명한 것은 엄마는 항상 나에게 정성을 다했다는 것이다. 엄마는 내 전부였다. 엄마는 내가 바라는 모든 것을 해주기 위해 많은 희생을 했다. 나를 낳고 돌보는 일을 오롯이 엄마 혼자 감당했다. 아빠도 수감되어 있는 동안 힘들었겠지만 그 동안 내가 겪어야 할 일들까지 사려 깊게 살피지 못했다. 아빠는 그런 부분에서 실수를 했고 엄마는 그 모든 대가를 홀로 치러야 했다.

- **사람들을 밀어내지 마세요.**

  여러분의 생각과 마음을 사람들이 다 이해할 수는 없을 거예요. 그렇다고 그것 때문에 곁에 있는 사람들을 밀어내지는 마세요.

- **여러분을 돌봐주는 사람들과 잘 지내도록 하세요.**

  그들은 책임감을 가지고 여러분을 돌봐주는 유일한 사람들이예요. 그들의 헌신과 돌봄을 당연하게 생각하고 함부로 여겨 소중한 관계를 망쳐서는 안 되어요!

- **너무 밀어붙이지 말아요!**

  당신을 사랑하고 돌봐주는 사람들에게 때때로 쉼을 주어야 해요.

  그 어디에도 십대 청소년을 어떻게 대해야 할지에 대한

정확한 지침서도 없고 십대와 소통하는 일은 누구에게나 쉬운 일이 아니에요. 그러니 그들이 항상 여러분을 위해 최선을 다하고 있다는 것을 받아들이고 이해해야 해요!

• **부정적인 방식으로 감정을 표출하지 마세요!**

화가 난다고 주변사람들에게 그 감정을 여과 없이 쏟아 붇지 않도록 조심하세요. 그럴수록 사람들과 거리가 멀어지게 되고 그것은 누구에게도 결코 도움이 되지 않아요.

우리 엄마 아빠는 수용자다. 나는 엄마 아빠
의 딸이다. 그러니까 나는 수용자의 자녀다.

'수용자'라는 단어가 굉장히 꺼림칙하고 멀
리하고 싶은 느낌인가? 그런데 그들의 자녀라
고 해서 별다를 건 없다. 다른 이들과 마찬가지
로 그들을 '비호감'으로 느낀다. 단지 수용자보
단 부모라는 애칭에 더 익숙해져 살아갈 뿐이
다. 나는 정말 어릴 땐 부모라는 존재를 거의 잊
고 살았던 것 같다. 어쩌면 할머니, 할아버지가
부모의 역할을 대신해 부모의 빈자리를 채워주
셔서일지도 모른다. 하지만 아무리 어리다 해
도 엄마 아빠의 처지를 아예 모르고 있었던 것

은 아니다. 자세히는 기억이 나지 않지만 엄마 아빠가 수감되어 있다는 사실은 알고 있었던 것 같다. 다만 지으신 죄의 크기를 짐작하지 못했을 뿐.

지금 내가 느끼는 감정과 생각은 정말 다양하다. 분노, 원망, 걱정 등등. 거의 대부분의 감정이 원망으로 가득 차있긴 하지만, 피는 못 속인달까? 부모님에 대한 애정은 가끔씩 내 안의 아주 깊은 곳에서 솟아오른다. 보통의 경우, 한쪽 부모님이 수감되어 남은 한쪽 부모님과 함께 삶을 살아가는 게 대부분이다. 그런데 나의 경우엔 좀 다르다. 엄마, 아빠 두 분이 함께 죄를 지어 수감중이시다.

나는 남은 부모님과 살아가는 세상의 친구들에게 이 말을 전해주고 싶다. "현재의 상황이 받아들여지지 않고 우울하더라도 남은 부모님의 존재를 마음껏 사랑하고 아꼈으면 좋겠어!" 그 친구들은 수감되어 있는 부모님을 그리워하며 당장은 함께 살아가는 부모님의 존재를 잘 느끼지 못할 수도 있다. 그런데 나에게는 아니, 양쪽 부모님 모두 수감 중인 친구들이 바라보기에는 너무나도 부러울 뿐이다.

나는 매일 뉴스를 본다. 하루가 다르게 커져 들려오는 범죄 소식에 가족들은 말한다. "너도 조심해! 저런 놈들은 평생 감옥에서 썩어도 모자라" 그럴 때마다 나는 혼란스러워진다. 나는 내 부모가 지은 죄와 뉴스속의 험악한 죄를 비교하기 시작한다. 내가 스트레스를 많이 받는 이유가 있다면 매일 반복되는 이런 끔찍한 과정 때문일 것이다.

나에겐 해당되지 않을 것 같았던 반항기, 사춘기가 심했을 때도 있었다. 당시 나의 머리엔 온갖 반항적인 생각으로 가득 차있었다. 그때도 평소와 같이 범죄사건을 전하는 뉴스가 나왔고 할머니는 범인을 비난했다. 나는 또 혼란스러워지기 시작했고, 갑자기 욱하는 마음에 물어봤다. "우리 엄마 아빠도 마찬가진데, 왜 매일 그런 소리만 해? 우린 욕할 자격 없어!" 할머니는 아빠 때문에 엄마가 누명을 쓴 거라며 설명을 늘어놓기 시작했다. 그때 욱해서 소리쳤던 나의 감정은 분노와 크고 작은 감정들이 섞여 생긴, 혼란에 가까운 감정이었을 것이다. 나는 할머니의 말에 대답했다. "누명? 경찰이 바보야? 법이 그렇게 간단해? 그런 말도 안 되는 소리 지긋지긋하니까 그만 좀 해, 제발!"

아무리 할머니가 엄마 같은 존재라 반말을 썼다곤 하지만, 지금 생각해보면 이땐 정말 버릇이 없었던 것 같다. 그 이후에 난 두 번 다시 그런 얘기를 꺼내지 않았다. 할머니의 폭언도 점차 사라졌다. 난 이젠 좀 철이 들었는지 감정조절도 좀 수월해지고 무엇보다 엄마 아빠를 향한 마음이 점차 정리 되며 내 삶에 집중할 수 있게 되었다.

지금은 정말 이 점을 크게 느낀다. 부모님의 잘못으로 인해 내 삶이 완벽하지 않은 게 아니라, 내 삶의 일부분에 작은 빈틈이 생겼을 뿐이란 걸. 이 빈틈은 앞으로 내가 살아가면서 점점 채워나가면 될 부분이다. 한 마디로 크게 속상해하거나 우울해 할 필요가 없단 소리다. 비록 다른 사람과 다르게 처음부터 작은 빈틈을 가지고 시작하지만 내가 정말 꿈을 향해 나아간다면 이런 빈틈 따윈 아주 작은 스크래치일 뿐이다.

그러니 나와 같은 친구들이 더 이상 내 과거와 같은 아픔을 느끼지 않았으면 좋겠다. 우린 수용자의 자녀일 뿐이고, 죄는 우리의 부모가 지은 것이지 절대 우리가 지은 것이 아니다. 이젠 부모의 영향보단 내가 스스로에게 주는 영향이 더 클 때다. 우린 꿈을 향해 나아갈 것이고, 그것을 막을 존재는 아무것도 없다.

소심이(15세, 중2, 여)의 글

*소심이의 의미: 소심한 마음을 가진 자기 자신을 표현

나답게
꿋꿋하게 ————————————————
        살아가는
        법

4장

열정과
목표

현재 나의 목표는 학교에서 좋은 성적을 유지하는 것이다. 특히 GPA(평균 평점)가 중요하다. 내 곁에 없는 누군가를 끊임없이 생각하는 것은 결코 쉬운 일이 아니다. 그래서 난 부정적인 부분을 생각하지 않는다. 이 방법이 내가 고안한 문제 해결 방법이다.

언제부터 나의 미래에 대해 고민하면 좋을까? 바로 지금이다. 좋은 성적으로 고등학교를 졸업하고 영상 제작에 대한 자격증을 취득하는 것이다. 좋아하는 연기 수업을 배우면서 미래를 향한 꿈을 꾸고 있다.

아빠는 못했지만 나는 고등학교를 졸업할 것이다. 쉽지는 않겠지만 나와 비슷한 환경에 있는 친구들의 희망이 되기 위해서 대학도 진학할 것이다. 지금을 사는 것이 참 힘들지만 어려운 시기를 흥미진진한 인생의 전환점으로 만들기 위해 노력하고 있다. 아빠가 못했던 성공을 난 해낼 것이다.

나는 여배우가 되고 싶다. 아빠가 처한 상황은 나에게 커다란 동기부여가 된다. 부정적인 면보다는 긍정적인 면에 집중한다. 어두운 곳에서도 밝은 희망을 찾으면 된다. 아빠의 실패가 내 인생에 부정적인 영향을 미치지 않도록 할 것이다.

애니의 이야기

나는 어렸을 때부터 연기를 했다. 니켈로디온(Nickelodeon)과 디즈니 채널(Disney Channel)을 보면서 연기와 노래, 멋진 쇼에 대한 열정과 영감을 받았다. 중학교 2학년 때 처음으로 연기를 했다. '지붕 위의 바이올린'의 짜이텔(Tzeitel)역이었다. 그리고 고등학교로 올라와 깊이 있는 영화 제작 수업을 들었고 배우 이외의 분야에도 관심을 갖게 되었다.

영상 제작과 편집 수업은 내 생각이 아니었다. 화면만 보는 작업들이 지루하게 느껴졌다. 엄마 때문에 수강했지만 결과적으로 영상제작과 관련한 모든 것을 사랑하게 되었다. 영상 편집을 하며 연극이나 쇼를 완전히 다르게 표현할 수 있다는 점이 흥미로웠다.

카메라 워킹부터 각도와 프레임 조정법 등을 활용해 영상의 톤이나 스타일, 분위기를 바꿀 수 있었다. 영화 제작이 이렇게 재미있을 수가 없었다. 배우도 좋지만 영상 제작과 편집에도 관심이 많다.

영화제작에도 관심이 많은데 이런 일에 열정이 쏟아지는 이유는 아빠의 가족 대부분이 대학에 가지 못했기 때문인 것 같다. 나는 그렇게 되고 싶지 않다. 이것이 내가 우수한 성적을 위해 열심히 공부하는 이유이며 경쟁력을 갖도록 노력하는 원동력이다. 경쟁이 치열한 대학 입시에서 좋은 결과를 얻기 위해서 난 현재에 안주하지 않을 것이다.

나는 겨우 고등학교 검정고시에 만족하는 아빠처럼 되기 싫다. 나는 평범한 삶을 거부한다. 나는 최소한의 것 이상을 원하고, 더 나아지고 싶다. 나는 내가 원하는 것이 무엇이든지 가질 수 있는 여유와 아름답고 인생의 근사함을 즐기고 싶다. 왜냐하면 나는 열심히 살았고 그럴 자격이 있기 때문이다.

- **내 자신만의 목표를 세우도록 하세요!**

여러분이 처한 상황이 여러분의 미래를 설정하는 데 아무런 힘이 없음을 믿고 삶의 목표를 세워야 합니다.

- **어떤 일이든 적극적으로 참여하세요!**

자기 자신을 고립시키고 혼자만의 세상에 빠져 있지 마세요! 적극적으로 친구를 사귀고 스포츠 팀이나 동아리 활동에 참여하며 부정적인 생각을 버리세요!

- **여러분이 행복한 일을 하세요.**

누구도 불행을 원하지 않아요.

여러분이 행복해지는 일을 찾아 그 일을 하게 되면 행복해질 수 있어요.

이런 단순한 원리가 참으로 멋지지 않나요?

- **미래를 준비하세요.**

여러분의 미래에 대해 지금 당장 고민하고 생각해야 해요.

미래를 미리 준비하는 것은 좋은 일이에요.

누구도 항상 젊을 수만은 없다는 것을 잊지 말아야 해요.

"엄마 아빠가 꼭 빨리 만나러 갈게. 사랑해 우리 아가들"

경찰차 소리와 함께 손을 꼭 붙잡고 하던 이 말을 끝으로 우리 가족의 일상은 멈춰있다. 10년이 지난 지금은 각자의 삶을 열심히 살고 있다. 그렇지만 아직까지도 지워지지 않는 기억이 있다. 어린 시절 부모님이 맞벌이로 바쁘셔서 텔레비전과 어린이집에만 의존했던 것, 가구에 빨간 스티커들이 붙어있던 것, 현관문으로 도깨비가 들어오진 않을까 늘 불안했던 것. 그 기억들이 아직 나에겐 한 장면처럼 멈춰있다. 우리 엄마와 아빠가 어떤 분이였는지는 너무 어렸을 때라 확실치가 않다. 그렇지만 늘 바쁘면서도 우리에 대한 사랑과 애정이 가득하신 부모님이란 것은 알고 있다.

부모님이 교도소에 들어가신 후, 언니와 나는 친척들의 집으로 갈 수 밖에 없었다. 그렇지만 다들 책임져야 할 가정이 있어서 우리를 달가워하지 않았다. 결국, 친할머니께서 우리를 맡아주셨다. 친할머니께 아직도 감사하다. 우리를 그때 맡아주시지 않았다면 우린 어떻게 됐을까? 함께할 가족이 있다는 건 정말 행운이고 감사한 일이다. 언니와 할머니와 나는 10년 동안 같이 지냈고 그 시간 동안에도 많은 일이 있었다. 어렸을 때 나는 많이 불안했다. 불안증상 때문에 할머니와 항상 한의원에 다녔다. 부모님이 너무 보고 싶었지만 가족에게 힘들다고 말할 수도 없었다.

어릴 땐 부모님의 손길이 많이 필요하다. 그때 나는 부모님과 여행을 가고 예쁜 옷도 선물받는 화목한 가정이 너무나 부러웠다. 가끔 부

모님이 곁에 안 계신다는 사실이 원망스럽기도
했고 선생님들의 차별, 주변의 동정 가득한 눈
빛도 싫었다. 그래도 점차 긍정적으로 세상을
바라보자 내 불안증상은 점차 사라졌다.

난 이때가 너무 후회스럽다. 조금만 긍정적
으로 봤다면 내 안의 불안도 떨쳐낼 수 있었을
거다. 내가 이때부터 조금씩 변화될 수 있었을
텐데. 긍정적인 태도가 무엇보다 중요하다.

초등학생 땐 과외선생님이 내 사정을 알고 공
부와 여러 조언 등 많은 도움을 주셨다. 아직도
너무나 감사하다. 난 초등학교에 다니면서 친구
관계, 인간관계도 좋았다. 성적도 90점 아래로
떨어진 적이 없었고 학교생활도 잘 했다. 중학
교에 올라와서도 학업에 전념하고 있고 친구들
과 원만하게 잘 지내고 있다.

중학교 2학년 때 세움을 통해 청소년동아리
활동에 처음 참여하게 되었다. 세움은 나와 같
은 처지에 놓인 아이들을 도와주는 사회복지단

체다. 사실 처음엔 '내가 세움 청소년동아리 활동에 잘 적응할 수 있을까'라고 고민을 많이 했다. 그렇지만 친구들이 모두 밝은데다가 나와 비슷한 상황이다 보니 누구에게도 말 못 했던 고민을 함께 공감할 수 있었다. 정말 감사하고 행복한 일이다. 그 친구들과 같이 놀러 다니고, 많은 추억을 쌓으며 1년을 보냈던 그때가 가장 행복했던 해였다. 사실 그 전에는 다른 사람들의 시선 때문에 가족을 제외하고 아무에게도 말을 할 수 없었다.

이렇게 도움을 받기도 하고 나누기도 하면서 얻는 것이 더 많았다. 혼자 이겨내려고 하는 것보다는 도움을 받는 것도 하나의 방법이다. 혼자 견뎌내기엔 우린 아직 어리기 때문이다. 우울한 일도 많았지만 난 항상 밝게 지내려고 노력했고 긍정적으로 바라보려 했다. 많은 도움을 받긴 했지만 혼자서도 잘 터득하려 노력했다. 공부도 친구도 내 성격도. 그리고 난 꿈도 매우 많다.

그리고 10년 동안 부모님과 자주 소통하며 더 가까워졌다. 난 원래 부모님과 사이가 좋긴 했다. 좋더라도 더 많이 표현하고 소통하려 한다. 면회도 자주 가고 편지도 자주 쓴다. 지금도 한 달에 네 번씩 스마트접견을 하고 부모님과 가깝게 지내고 있다. 사랑한다는 말과 감사하다는 말도 자주 하며 서로의 고민도 털어놓는다. 이 부분이 매우 중요하다. 이야기하다 보면 멀리 떨어져 있어도 더욱 사랑할 수 있게 된다. 편지와 영상통화를 하는 사소한 일상은 조금이라도 더 빨리 부모님이 나왔으면 하는 내 바람이기도 하다.

나와 상황이 같은 아이들에게 조금 도움이 되고자 조언을 한다면,

1. 긍정적으로 보려 노력해라. 부정적으로 보는 것보다 긍정적으로 보는 것이 자신의 상황을 바꿀 수 있는 힘이 있다.
2. 주눅 들지 마라. 나 자체가 소중한 존재임을 잊지 말아라

3. 편지나 면회, 스마트접견을 자주 하고 표현을 자주 해라

4. 꿈꾸며 살아라. 지금 자신의 상황이 이렇다 해서 좌절할 필요는 없다.

5. 혼자 힘들게 버티지 마라. 가끔은 도움을 요청하여 문제를 해결하라.

6. 마음을 나누며 공감해라. 여러분의 마음을 넓힐 수 있고 사랑을 나눌 수 있다.

쏘쏘(16세, 중3, 여)의 글

*닉네임 '쏘쏘'의 의미: 평범하게 잘살고 있다

나답게
꼿꼿하게
　　　살아가는
　　　법

5장

인생의
방향

나는 장차 배우가 되고 싶다. 영화감독도 하고 TV쇼도 만들고 싶다. 난 아직 15살이지만 성공을 위해 차근차근 준비하고 있다. 자신의 강점을 파악해서 준비한다면 좋은 결과가 있을 거라고 생각한다.

자기의 장·단점도 모른 채 직업을 구하고 일을 하는 사람들을 만난 적이 있다. 난 그러고 싶지 않다. 내가 하는 일이 좋아 날마다 출근하는 것이 행복한 사람이 되고 싶다. 자신이 좋아하는 일을 하면서 돈을 벌고 싶은 건 모든 사람의 꿈이다.

좋아하지도 않는 일을 하면서 출근하고 바로 퇴근만 생각하는 그럼 사람이 되고 싶지 않다. 그리고 하루 벌어 하루 쓰는 안정되지 않은 어른이 되고 싶지 않다. 또한 나 하나의 인생도 벅차기 때문에 아이를 키우고 싶지 않다. 하지만 언젠가 부모가 되기로 결정해 아이를 키우게 된다면 아이가 자신의 꿈을 갖고 인생 안에서 많은 것을 도전하며 이룰 수 있도록 가르치고 싶다.

나에게 학교는 중요하다. B와 C 같은 점수를 받으면 우울해진다. 완벽한 학생이 될 수는 없겠지만 계속 노력할 것이다. 이미 4.0의 학점을 받았지만 게으름 필 생각은 조금도 없다.

학교 성적과는 관계가 없지만 연기 연습을 할 수 있는 포렌직(Forensics)과 같은 몇 개의 동아리에 가입하였다. 겨울에는 연극 제작, 가을에는 치어리더 활동을 하고 있다.

고등학교 2학년 2학기에는 모든 과목에서 A를 받았다. 좋은 성적 덕분에 여기 저기 대학에서 연락을 받았다. 모든 것이 완벽했다. 치어리더 선발전이 열리는 날까지 말이다.

나는 결국 치어리더 대표팀에서 떨어졌고 내 영혼은 산산조각 나버렸다. 며칠 간 제 정신이 아니었다. 그러다가 갑자기 뭔가 깨달아졌는데 치어리딩을 할 수 있는 농구 시즌이 항상 있다는 것과 곧 연극 제작을 할 수 있다는 것이었다. 그리고 하나 더 깨달았는데 치어리딩은 내 삶에 그렇게 중요하지 않다는 것과 치어리더 국가대표가 될 계획이 없다는 것이다.

　　난 이 일로 인생의 우선순위가 똑바로 설정되지 않았다는 걸 알게 되었다. 미래의 나에게 도움 되는 것은 무엇인지 먼저 정리해야 한다. 치어리더에서는 떨어졌지만 오히려 연기와 연극 제작에 더 집중할 수 있었다.

- **미래에 집중하세요.**

  인생에는 여러분 마음대로 변화시킬 수 없는 것들도 있지만 얼마든지 노력 여하에 따라 여러분의 힘을 발휘해 바꿀 수 있는 것들도 있어요.

  스스로 인생을 어떻게 살 것인지 정하는 것이 그 시작입니다.

  이미 여러분에게는 좋은 결정을 내리고 인생을 조정할 수 있는 능력이 있답니다.

- **여러분이 원하는 것이 무엇인지 알아야 합니다.**

  삶에서 무엇을 바랄지는 여러분 자신이 결정해야 해요.

  방황하지 말고 자신이 무엇을 원하고 있는지 분명히 알아야 해요.

- **친구.**

  학생인 십대들에게 최우선 순위는 학업이겠죠? 그렇다고 친구들과 어울리지도 않고 학업에만 매달리는 것은 좋지 않아요.

  종종 여가시간을 내어 친구들과도 활동적인 시간을 보내보세요!

- **같은 실수를 반복하지 마세요.**

  다른 사람의 실수나 잘못이 초래한 결과를 보면서 그들과 같은 전철을 밟지 않도록 노력해야 합니다.

나는 부모님이 모두 교도소에 수감된 평범한 중학교 3학년 학생이다. 사실 평범한 학생이라고 하기엔 나에게 드라마 같은 일들이 벌어지긴 했다.

초등학교 5학년 때 엄마는 나에게 해외출장을 간다며 집을 나갔다. 하지만 그 뒤로 엄마는 집에 돌아오지 않았다. 사실 나는 그때까지만 해도 엄마가 정말 해외출장을 간 줄 알았다. 그런데 몇 달이 지나자 우리 집은 다른 사람의 집이 됐고, 집에 있던 물건들은 중고로 팔리거나 버려졌다. 나는 외할머니 댁에서 지내게 되었고, 외할머니로부터 엄마의 소식을 들을 수 있었다.

"사실 너희 엄마가 교도소에 들어갔어."

교도소라는 말을 듣자마자 덜컥 울음이 터져 나왔다. 울음을 멈추려 해도 멈춰지지 않았다. 나는 정말 이틀 동안 울기만 했고 모든 사람이 다 미웠다. 나중에 알게 된 사실이지만, 엄마는 친구들과 하던 주식이 잘못되어 빚을 수십억이나 지게 됐다고 한다. 엄마는 돈을 빌린 친구들에게 고소를 당해 징역 8년 형을 받았다. 아빠는 주식은 안했지만 엄마와 부부라는 이유로 내가 중학교 2학년 때 징역 1년 6개월 형을 받았다.

나는 평생 엄마 얼굴을 안본다고 말하고 싶었지만 엄마가 너무 보고 싶은 마음에 결국 면회를 갔다. 유리창 너머로 보이는 엄마는 죄수복을 입고, 머리가 헝클어져서 울고 있었다. 나는 면회를 가기 전 절대 안 울겠다고 다짐했지만 그런 모습의 엄마 앞에서 울음이 쏟아져 나왔다. 엄마가 보고 싶으면서도 밉고, 원망스러워서 나왔던 눈물이었다.

　나는 학교가 끝나면 매일 엄마한테 면회를 갔다. 친구들은 학교가 끝나면 놀러 다녔지만 나는 마음껏 놀지도 못했다. 교도소 간다는 말을 할아버지 회사에 간다는 말로 바꾸어 친구들에게 이야기했던 기억이 아직도 생생하다. 지금은 한 달에 여섯 번씩 시간을 내어 부모님을 보러 간다. 나는 부모님이 나를 진심으로 사랑하는 것도 안다.

　나는 다른 사람에게 조언을 할 만큼 대단한 사람은 아니지만 나와 같은 수용자 가족 청소년에게 이 말은 해주고 싶다.

　1. 부모님이 교도소에 들어갔다고 기죽고 살면 안 된다.
　2. 언제나 자신감 있게 행동하고 내가 할 수 있는 말은 하고 살아야 한다.
　3. 나 자신을 아끼고 사랑해야 한다.
　4. 우리 주변에는 내 꿈을 펼칠 수 있도록 도

와주는 착한 사람들이 있다.

그리고 만약 부모님이 원망스럽고 미워서 면회를 한 번도 안 갔다면 힘들겠지만 지금이라도 용기를 내서 면회를 갔다 왔으면 한다. 부모님에게는 그 면회 한번이 정말 힘이 된다. 부모님이 자식을 사랑하는 마음에 욕심을 내고 실수를 저질렀다고 생각하면 좋겠다.

마지막으로 나와 같은 청소년들이 부모님과 함께 행복하게 웃으며 사는 그날이 올 때까지 힘내라고 응원하며 이글을 마친다.

지우개(16세, 중3, 남)의 글

*닉네임 '지우개'의 의미:
나를 괴롭히거나 생각하기 싫은 것은 지우고 살라는 의미

INCCIP 국제컨퍼런스에서 만난 애니 영과 수용자 자녀들을 기억하며...

아동복지실천회 세움 최윤주 사업팀장

애니 영이 9살 때 애니의 아버지는 교도소에 수감되었고 12년형을 선고받았다. 애니는 아버지의 부재, 혼돈과 외로움 등 힘든 시간을 보낼 때 자신의 경험과 목소리를 이 책 '나답게 꿋꿋하게 살아가는 법'를 통해 담아내었다. 지난해 미국의 명문대학교인 남캘리포니아대학(University of Southern California)에 진학한 애니는 2019년 8월 영국에서 진행된 제2차 INCCIP(International Coalition for Children with Incarcerated Parents) 국제컨퍼런스에 기조연설자로 초청되어 유럽의 수용자 자녀 당사자 패널 7명과 함께 수용자 자녀의 경험과 지원방안에 대한 의견을 당당한 목소리로 들려주었다. 지난해 INCCIP 국제컨퍼런스에서 이 책의 핵심메시지를 중심으로 한 애니의 강연내용과 7명의 청소년 패널 당사자들이 생생하게 들려주었던 지혜의 목소리를 독자들과 나눠보고자 한다.

애니는 아버지가 교도소에 수감된 이후 느낀 무력감, 외로움, 우울증 등 부정적인 감정과 힘든 시간을 보내면서도 자신의 속마음을 다른 사람들에게 잘 이야기하지 못했다. 아버지의 잘못이 나의 잘못이 아니고, 아버지가 지은 죄가 내 죄가 아니지만 수용자 가족, 수용자 자녀라는 낙인(stigma)과 수치스러움(shame)의 감정을 피할 수 없었음에도 수용자 자녀를 돕는 전문단체나 전문가를 만날 수 있는 정보와 시스템이 없어 아버지의 부재를 극복하는 과정은 너무나 힘든 일이었다. 애니는 15살 때 이러한 수용자 자녀로서 감당해야했던 자신의 경험과 감정을 글로 쓰기 시작했고 책을 쓰는 과정 속에 점차 평안한 감정(more peaceful feeling)을 회복하며 자신 안에 존재하는 부정적인 감정들을 자연스레

흘러가게 할 수 있었다. 이러한 작업은 애니에게 치유(therapy)의 과정이 되었다. 애니가 이 책을 쓰며 기대한 것은 사람들에게 동정 받는 것이 아니라 '내 목소리가 들려지는 것'이다.

핵심 메시지

애니는 자신과 같은 경험을 한 청소년들이 부모의 수감이라는 부정적인 경험을 극복하고 긍정적인 미래와 삶을 설계하며 당당히 나아갈 수 있도록 다섯 가지 메시지를 전하고 있다.

첫 번째, 애니는 부모의 수감으로 인한 충격적인 가족 내 상황을 극복하고 다음 단계로 넘어가기 위해서는 반드시 '자기돌봄(self-care)'의 시간이 필요하다고 강조하고 있다. 이것은 용서함(forgiveness)에서 시작되지만 말처럼 쉽지 않다. 용서의 과정은 수감된 부모(the incarcerated parents)를 용서하는 것만이 아니라 자기 자신을 용서하는 과정 또한 포함되며 이것은 말처럼 쉽지 않다. 그러기에 서두르지 말고 자기 자신에게 충분한 시간을 주어야 한다. 이 과정을 거치고 나서야 부모의 수감으로 인한 트라우마에서 극복하고 회복될 수 있는 다음 단계로 나아갈 수 있다.

두 번째 단계로 애니는 수용자 자녀들에게 자기 자신에 대한 동기부여와 격려(motive & encouragement)가 필요하다고 말한다. 수용자 자녀들은 '범죄의 대물림'이라는 사회적 편견과 시선에 대해 스스로도 걱정하고 두려워하지만 그것은 결코 진실이 아니기 때문에 자신에게 주어진 상황을 이길 수 있는 힘(power to return)이 '내 안에 있음'을 인정하고 믿어야 한다.

세 번째로 부모가 죄를 짓고 교도소에 수감된 사실이 자녀들의 삶을 한정할 수 없다고 애니는 강조하여 말한다. 부모의 과거가 자녀들의 현재와 미래를 제한할 수 없기 때문에 수용자 자녀들 안에 있는 두려움, 수치심과 낙인감을 이겨내야 한다. 내 자신은 다만 내 자신일 뿐이다 (you are WHO you are).

네 번째로 애니는 수용자 자녀들이 긍정적인 회복과 성장을 위해 자신의 삶 속에 함께 하고 싶은 사람들이 누구인지를 스스로 결정하고 선택해야 한다고 조언한다. 모든 사람들이 주변에 있을 필요는 없다. 정말로 신뢰할 수 있는 친구와 지인, 그리고 가족이 필요하며 그들이 누구인지를 선택하고 결정하는 일은 중요하다.

마지막으로 부모의 수감이라는 현재의 환경에 갇혀 주저앉는 삶이 아니라 미래지향적 삶을 설계할 수 있도록 애니는 수용자 자녀들에게 조언한다. '나는 어떤 사람이 되고 싶은가?'에 대한 질문은 매우 중요하며 지금 바로 그러한 질문과 고민 속에 수용자 자녀들이 긍정적인 자신의 미래를 꿈꾸고 준비할 수 있어야 한다.

수용자 자녀지원에 대한 당사자들의 목소리

애니

애니는 자신의 경험을 바탕으로 수용자 자녀지원을 위한 몇 가지 구체적 방안을 제시하였다. 첫 번째, 양형을 고려할 때 반드시 법을 만들고 집행하는 전문가들이 충분한 이해를 가지고 범죄에 적절한 형을 선고하여야 한다. 두 번째, 수용자 자녀들은 적절한 지원시스템과 자원이 없다면 자신들의 환경을 긍정적으로 극복하기 어렵고 잘못된 길(wrong path)로 빠지기 쉽기 때문에 적절한 멘토링과 지원시스템이 제공되어야 한다. 세 번째, 재정적 어려움으로 수용자 자녀들이 꿈을 포기하거나 대학진학을 포기하지 않도록 지원하고 직업훈련을 할 수 있도록 시스템을 마련해야 한다. 네 번째, 2019년 INCCIP 국제컨퍼런스를 통해 처음으로 청소년 당사자 모임에 참석했던 애니와 7명의 청소년들이 서로에게 위로를 받고 힘을 얻는 경험을 통해 당사자모임이 반드시 필요하다고 입을 모아 제안하였다. 처음으로 당사자모임 안에서 자신이 평범(feel normal)하다는 것을 느꼈다는 애니와 청소년들은 '나 혼자가 아니며 (not feel lonely)' 서로에게 공감(I feel you)할 수 있는 소중한 경험을 했다고 고백하였다. 다섯 번째, 수감된 부모님이 주어진 형을 마치고 사회에 돌아와 변화된 모습으로 다시 일상적인 삶을 희망할 때 그들에게 충분히 일할 수 있도록 기회가 주어져야하며 사회복귀를 위한 시스템과 자원을 마련해야 한다. 마지막으로 수용자 자녀들이 수감된 부모와의 관계에서 진심으로 원하는 것이 무엇인지 아동에게 직접 물어 보아야 하고 아동이 선택할 수 있도록 해야 한다. 아동은 부모를 만나고 싶어 할 수도 있고, 아직 준비가 되어 있지 않을 수도 있으며, 만나고 싶어 하지 않을 수도 있다. 이러한 모든 결정은 아동이 주체로서 선택할 수 있도록 아동권리가 보장되어야 한다.

7인의 청소년패널

애니와 함께 컨퍼런스에 참석하였던 7명의 청소년 패널 역시 부모의 수감이 자신들의 삶에 끼친 부정적인 영향과 경험을 바탕으로 수용자 자녀지원을 위한 좀 더 긍정적인 실천방안을 제시하였다.

무엇보다 수용자 자녀들은 자신들과 같은 경험을 하지 않은 사람들이 너무나 쉽게 내던지는 형식적인 위로나 동정, 수용자 자녀들을 비정상적(not normal)으로 보거나 일반화 시키는 편견과 시선을 원하지 않는다. 또한 수용자 자녀를 대하는 미디어의 비인격적, 비인권적 보도와 노출에 대해 지적하기도 하였다. 범죄사건에 대한 취재와 보도를 위해 수용자 자녀들에게는 어떠한 결정권이나 인격이 없는 아이들처럼 다루어지고, 사생활 존중과 개인정보 보호 없이 언론에 노출되는 경험을 통해 2차 피해를 받았던 경험을 지적하였다.

　수용자 자녀들은 부모의 수감과 관련된 모든 과정에서 인격 없는 존재처럼 배제되는 것이 아니라 변화의 주체가 되기를 원한다. 수용자 자녀들이 이처럼 긍정적이고 성숙한 변화의 주체로 성장하기 위해서는 무엇보다 신뢰할 만한 멘토십(mentorship)과 지지그룹(support group), 적절한 자원지원이 보장되어야 한다.

　그뿐 아니라, 수용자 자녀들은 사회적 편견과 시각이 변화되기를 희망한다. 죄에 대한 벌은 당연히 받아야 하지만 누구나 실수할 수 있다는 사실을 인정해야 하며 가해자에 대해 용서하고 다시 한 번 사회의 일원으로 복귀할 수 있는 기회를 주는 것은 너무나 중요하다고 강조한다.

이러한 사회적 환경이 만들어지고 수용자 자녀 지원을 위한 시스템과 자원이 마련될 때 수용자 자녀들은 부모의 수감으로 인한 트라우마를 극복하고 치유와 회복의 과정을 통해 건강하고 당당하게 성장할 수 있을 것이다.

(사)아동복지실천회 세움은 우리 사회의 사각지대에 남아있는 5만여 명의 '수용자 자녀가 당당하게 사는 세상'을 만들기 위해 2015년 설립된 아동복지전문기관입니다. 세움은 부모의 수감으로 인해 적절한 보호를 받지 못하는 수용자 자녀가 겪는 다양한 문제와 어려움을 아동중심 관점에서 접근하며 아동의 인권이 존중되는 사회를 만들고자 합니다.

- 미션: 수용자 자녀가 당당하게 사는 세상
- 비전:
  수용자 자녀의 건강한 성장
  수용자 자녀와 가족의 인권보호
  수용자 자녀와 가족의 사회적 지지체계 확대
- 핵심가치: 아동중심, 관계신뢰, 권리존중

다음과 같은 사업을 진행하고 있습니다.

1. 수용자 자녀·가족지원 사업
   - 수용자 자녀의 건강한 성장지원: 성장지원비, 긴급일시지원, 청소년활동지원, 세움파트너(멘토링)지원
   - 심리·정서적 안정지원: 심리검사 및 상담(병원연계 포함)지원, 개별집중사례관리
   - 가족지원: 면회지원, 양육자교육(부모교육), 가족세움(가족관계회복 프로그램) 등
2. 수용자 자녀의 아동권리 옹호사업: 인식개선 캠페인 및 조사연구
3. 네트워크 및 사회적 지지체계 마련: 수용자 자녀지원 국내·외 연대활동 강화

홈페이지   www.iseum.or.kr
이메일   seum@iseum.or.kr
전화번호   02-6929-0936
팩스   070-8162-0937

나답게 꿋꿋하게 살아가는 법
부모가 수감된 청소년들의 이야기
Teen Guide to Living with Incarcerated Parents

초판 1쇄 발행 2020년 8월 25일
초판 2쇄 발행 2021년 2월 25일

지은이 애니 영
옮긴이 아동복지실천회 세움
발행인 김진환

발행처 (주)학지사
발행처 이너북스   **주소** 서울특별시 마포구 양화로 15길 20 마인드월드빌딩
대표전화 02-330-5114   **팩스** 02-324-2345
출판신고 2006년 11월 13일 제313-2006-000265호
홈페이지 http://www.hakjisa.co.kr

ISBN 978-89-92654-59-3 03180
정가 9,000원

※잘못된 책은 구입하신 곳에서 바꾸어 드립니다.
※ **이너북스** 는 (주)학지사의 단행본 브랜드입니다.
※본 책에는 마포구에서 제공하는 마포꽃섬 서체가 사용되었습니다.

출판 · 교육 · 미디어기업 **학지사**

간호보건의학출판 **학지사메디컬** www.hakjisamd.co.kr
심리검사연구소 **인싸이트** www.inpsyt.co.kr
학술논문서비스 **뉴논문** www.newnonmun.com
원격교육연수원 **카운피아** www.counpia.com